Annie Galbes-Gueudet

Former Un Couple Épanoui: OUI, c'est Possible! Tome I

I0105438

Annie Galbes-Gueudet

Former Un Couple Épanoui: OUI, c'est Possible! Tome I

Le COUPLE Est PROJET

Experts

Impressum / Mentions légales

Bibliografische Information der Deutschen Nationalbibliothek: Die Deutsche Nationalbibliothek verzeichnet diese Publikation in der Deutschen Nationalbibliografie; detaillierte bibliografische Daten sind im Internet über http://dnb.d-nb.de abrufbar.
Alle in diesem Buch genannten Marken und Produktnamen unterliegen warenzeichen-, marken- oder patentrechtlichem Schutz bzw. sind Warenzeichen oder eingetragene Warenzeichen der jeweiligen Inhaber. Die Wiedergabe von Marken, Produktnamen, Gebrauchsnamen, Handelsnamen, Warenbezeichnungen u.s.w. in diesem Werk berechtigt auch ohne besondere Kennzeichnung nicht zu der Annahme, dass solche Namen im Sinne der Warenzeichen- und Markenschutzgesetzgebung als frei zu betrachten wären und daher von jedermann benutzt werden dürften.

Information bibliographique publiée par la Deutsche Nationalbibliothek: La Deutsche Nationalbibliothek inscrit cette publication à la Deutsche Nationalbibliografie; des données bibliographiques détaillées sont disponibles sur internet à l'adresse http://dnb.d-nb.de.
Toutes marques et noms de produits mentionnés dans ce livre demeurent sous la protection des marques, des marques déposées et des brevets, et sont des marques ou des marques déposées de leurs détenteurs respectifs. L'utilisation des marques, noms de produits, noms communs, noms commerciaux, descriptions de produits, etc, même sans qu'ils soient mentionnés de façon particulière dans ce livre ne signifie en aucune façon que ces noms peuvent être utilisés sans restriction à l'égard de la législation pour la protection des marques et des marques déposées et pourraient donc être utilisés par quiconque.

Coverbild / Photo de couverture: www.ingimage.com

Verlag / Editeur:
Éditions universitaires européennes
ist ein Imprint der / est une marque déposée de
OmniScriptum GmbH & Co. KG
Heinrich-Böcking-Str. 6-8, 66121 Saarbrücken, Deutschland / Allemagne
Email: info@editions-ue.com

Herstellung: siehe letzte Seite /
Impression: voir la dernière page
ISBN: 978-3-639-70669-7

Le Couple

Former Un Couple Epanoui :
OUI,
C'est Possible !!!

I

Le Couple EST PROJET

Annie Galtès-Guendet

Le Couple

Former Un Couple Epanoui :
OUI,
C'est Possible !!!

I

Le Couple EST PROJET

PREFACE

Mes enseignements sont volontairement apportés avec profondeur de Relation d'Aide et ma Vision Psycho-Spirituelle approchant l'Être Humain dans sa globalité holistique.

J'ai l'intime conviction que c'est une *révélation* pour notre temps, et qu'ils sont nécessaires à chaque personne, mariée ou pas, jeune, moins jeune, plus âgée, quelle que soit sa race, nationalité, arrière plan éducatif, intellectuel, socioculturel et spirituel.

Elle devrait être rendue à la connaissance du leadership et des personnes responsables ainsi qu'aux ministères, et faire l'objet d'une priorité au suivit de la Personne dès l'enfance, puis la jeunesse, aux fiançailles, de préparation au mariage, et auprès des couples naufragés manquant de stabilité faute de ne pas les avoir reçus.

Sans oublier la responsabilité éducationnelle parentale père et mère pour leurs enfants garçons et filles, en réponse à leurs questions abordées au fur et à mesure de leur croissance et développement : sans ignorer que le plus bel enseignement pour l'enfant c'est d'abord sentir et voir ses parents s'aimer et être heureux ensemble, en sa présence, avec des actes posés et des preuves de tendresse non-sexualisées, et non pas que des paroles moralisatrices et légalistes liées aux seuls devoirs de rôles sans l'Amour.

Elle répond aux questions les plus fondamentales de notre existence, et ramène l'équilibre dans notre personne au niveau de tout L'Être : Esprit, Âme et Corps.

Elle dévoile la pensée Divine depuis toute Eternité quand à l'existence de l'ordre ordonné de l'Homme et de la Femme, ainsi que l'image prophétique que représente le Couple de la communion de l'Être Intérieur avec L'Esprit depuis tous les temps, et du Temple Universel qui Est Union, Unité, UN de l'Être Spirituel avec Dieu.

Elle place la foi à sa vrai place comme étant la Vie de l'Esprit (et non une religion) nous vivifiant sur le parcours du Chemin de Vie dans une relation spirituelle vivante confiante mutuelle, et rééquilibre la tendance à trop spiritualiser qui malheureusement déteint négativement et étouffe l'Être Humain et la vie de l'Esprit en lui depuis trop longtemps jusqu'à aujourd'hui encore, à cause de croyances erronées religieuses, superstitieuses et reliques d'un passé décomposé à revoir et dépoussiérer parce qu'en distors le vrai sens et son Essence.

Mes enseignements sont à aborder dans une approche sans aprioris, avec humilité, simplicité, sincérité de cœur et ouverture afin qu'ils participent à restaurer l'identité des couples brisés, telle une braise qui enflamme tout le brasier et ranime les cœurs blessés, d'où cet appel et cri fondamental remonte dans les vies : d'Aimer et d'Être Aimé... Mes écrits ne s'adressent pas à un mental et intellect mais au Cœur et à notre Être Intérieur.

Cependant, à ne pas oublier, qu'avant d'Être un Couple, nous sommes en tout une Personne et un Être Humain à part entière, avec tout ce que cela comporte dans sa masculinité comme dans sa féminité, et c'est justement sur tout cela que je vais développer dans les différentes études séparées de mon si beau sujet :

LE COUPLE
Former Un Couple Epanoui : OUI, C'est Possible !

Que Vous en Soyez Puissamment Fortifiés dans votre Être Intérieur au delà de toute attente, envers et contre tout, et toujours plus !

Annie Galbes-Gueudet

ANNIE GALBES-GUEUDET – **PSYCHOPRATICIENNE SPECIALISEE EN RELATION D'AIDE** –
Consultante, Oratrice, Conférencière, Enseignante, Formatrice, Thérapies, Psychothérapies
EXPERTE

SOMMAIRE

Quelques abréviations :
C. signifie Couple – **H.** signifie Homme – **F.** signifie Femme.

INTRODUCTION

Dans ces enseignements et tout au long de ma Série « Former un Couple Epanoui, OUI c'est Possible ! » du vaste sujet qu'est LE COUPLE, que je développe séparément au fil des thèmes et titres que vous trouvez en fin de ce livre détaillés, nous allons mener ensemble une réflexion, riche et profonde qui va s'inscrire dans une approche tridimensionnelle, c'est à dire une approche concernant :
- **Le corps.**
- **Le psychisme.**
- **L'esprit.**

Dans mes développements de ce qui se passe, ce qui se joue dans la relation H. F. * (Homme, Femme), la relation de C.*(Couple), époux épouse, aussi ce qui se joue également dans cette entité à part entière que forme le C. sous tous les aspects de l'Être de chaque individu qui le compose et l'Entité qu'il EST.

Nous en verrons également les dysfonctionnements, et nous aborderons un certain nombre de solutions, et ces solutions seront toujours dans une approche tridimensionnelle, et elles seront d'ordre :

- matérielles,
- pratiques,
- psychologiques,
- et spirituelles.

Voyez-vous l'Être humain n'est pas à découper en rondelles, nous sommes un tout, et nous sommes en permanence cet Être Esprit-Âme-Corps, même et surtout dans notre vie de C.
Voilà pour l'introduction à notre vaste sujet.

Nous pouvons avoir ensemble des temps de partages questions réponses, par voie téléphone, ou par emails, ou même en consultation directe, selon que vous soyez le plus à l'aise pour en parler.

Je suis disponible pour stages, évènementiels, conférences, formations, enseignements, en consultante, itinérante pour conventions, séminaires, émissions radio et TV, etc... international et mondial, experte.

http://www.psy-marseille-a-g.fr

https://sites.google.com/site/ressourcesaetrevousmemes/

anniegueudet@ressourcesaetrevousmeme.com

+33 (0)6 22 20 33 26

<u>* Rappel Abréviations :</u>
H. signifie Homme - F. signifie Femme - C. signifie Couple -

Le Couple Est Projet Divin

Je voudrai donc introduire mon sujet par Les Saintes Ecritures, tout en précisant que mon utilisation n'en est aucunement à but religieux, mais bien pour une appréhension du Couple dans ce qu'Il EST totalement dans l'Existence de Son Projet tridimensionnel dans la globalité holistique de l'ÊTRE : Spirituel, Psychique & Physique, remettre ainsi chaque chose à sa place.

Les Textes Sacrés sont d'abord un entendement et résonnance de l'Âme, et s'adressent à nos Cœurs, de part notre Être Intérieur. Il n'en est pas une approche intellectuelle ni religieuse, il faut pouvoir en décoder les langages tant intérieurs qu'en décrypter le sens spirituel qui ensemble rejoignent notre Essence, et cela est Vivant.

Par soucis d'une pleine compréhension de mes recherches et développements concernant mes écrits, j'ai choisi d'en séparer le contenu en plusieurs livres et études toutes indissociables les unes des autres et se suivant dans leur complémentarité, mais aussi dans l'ordre et développements celle-ci étant la 1ère.

Ce qui me semble utile, en remontant aux origines des Textes Sacrés, qui tous se rejoignent et se complètent dans la même pensée autant dans la Torah, comme dans Les Dix Commandements et tout L'Ancien Testament, ainsi que les Evangiles relatant la vie du Christ-Jésus comme étant Yesuah Mashiar Le Messie d'Israël, dans Ses actes et paroles qui sont puissants concernant mon sujet, et la suite des Ecrits Bibliques qui forment Le Nouveau Testament : tous Textes Sacrés que j'utilise et approfondis jusque dans leur signification originelle qui, pour nous sont Lumière réunissant, unifiant, ce que nous sommes en tant qu'Être Humain mais aussi et surtout dans la Vie et Relation de Couple sous tous les aspects et domaines dans la recherche constante du respect mutuel dans l'Amour Inconditionnel.

Dans le Livre de la Genèse nous allons puiser quelques textes.

Tout d'abord Genèse chapitre 1 : versets 26 à 31

- « 26 Puis Dieu dit : Faisons l'homme à notre image, selon notre ressemblance, et qu'il domine sur les poissons de la mer, sur les oiseaux du ciel, sur le bétail, sur toute la terre, et sur tous les reptiles qui rampent sur la terre. 27 Dieu créa l'homme à son image, il le créa à l'image de Dieu, il créa l'homme et la femme. 28 Dieu les bénit, et Dieu leur dit : Soyez féconds, multipliez, remplissez la terre, et assujettissez-la ; et dominez sur les poissons de la mer, sur les oiseaux du ciel, et sur tout animal qui se meut sur la terre. **29** Et Dieu dit : Voici, je vous donne toute herbe portant de la semence et qui est à la surface de toute la terre, et tout arbre ayant en lui du fruit d'arbre et portant de la semence : ce sera votre nourriture. **30** Et à tout animal de la terre, à tout oiseau du ciel, et à tout ce qui se meut sur la terre, ayant en soi un souffle de vie, je donne toute herbe verte pour nourriture. Et cela fut ainsi.   **31** Dieu vit tout ce qu'il avait fait et voici, cela était très bon. Ainsi, il y eut un soir, et il y eut un matin : ce fut le sixième jour. »

Puis Genèse chapitre 2 : versets 18 à 25

- « **18** L'Eternel Dieu dit : Il n'est pas bon que l'homme soit seul ; je lui ferai une aide semblable à lui. **19** L'Eternel Dieu forma de la terre tous les animaux des champs et tous les oiseaux du ciel, et il les fit venir vers l'homme, pour voir comment il les appellerait, et afin que tout être vivant porte le nom que lui donnerait l'homme. **20** Et l'homme donna des noms à tout le bétail, aux oiseaux du ciel et à tous les animaux des champs ; mais pour l'homme, il ne trouva point d'aide semblable à lui. **21** Alors l'Eternel Dieu fit tomber un profond sommeil sur l'homme, qui s'endormit ; il prit une de ces côtes, et referma la chair à sa place. **22** L'Eternel Dieu forma une femme de la côte qu'il avait prise de l'homme, et il l'amena vers l'homme. **23** Et l'homme dit : Voici cette fois celle qui est os de mes os et chair de ma chair ! On l'appellera femme, parce qu'elle a été prise de l'homme. **24** C'est pourquoi l'homme quittera son père et sa mère, et s'attachera à sa femme, et ils deviendront une seule chair. 25 L'homme et sa femme étaient tous deux nus, et ils n'en avaient point honte. »

Voilà donc ces textes que nous ne connaissons la plupart du temps que superficiellement, qui sont souvent lus en particuliers lors des mariages.

Ce sont des textes où nous voyons dans le Livre de la Genèse, que Dieu a pour projet le C., et donc que le C. est dans la volonté de Dieu.

En Adam, en Adam : c'est l'H. Et la F. qui tous deux sont créés à l'image de Dieu.

Je voudrai apporter ici une interprétation différente que celle que l'on apporte généralement à ce texte, lorsqu'on pense que dans un 1er temps Dieu a créé l'H., c'est à dire le masculin : le sexe mâle, et dans un 2ème temps Dieu a créé la F. c'est à dire le féminin.

Le texte biblique au chapitre 1er nous montre que Dieu a créé, et quand Dieu a créé, il a créé ce que l'hébreu appelle l'Adam : et l'Adam ici c'est ce qu'on appelle l'H. non pas l'homme le sexe masculin, mais l'homme dans le sens générique c'est-à-dire l'être humain, et plus précisément le genre humain.

En créant l'Adam, le genre humain, Dieu a créé l'H. Et la F. : tous les deux ont été créés par Dieu au même moment et à Son image et à Sa ressemblance.

Alors peut-être allez vous me dire : mais, c'est quoi, cette histoire de côte ? Puisque Dieu a créé en même temps L'H. Et la F., qui d'ailleurs ne s'appellent pas encore « Adam » et « Eve » à ce moment là ils n'ont pas encore de nom.

L'H., l'Adam, l'être humain, le genre humain, dirons- nous ainsi, était privé de la connaissance de la féminité à la création, et l'Adam était privé de la connaissance de la masculinité : terme générique employé ici : l'Adam **l'espèce humaine**.

Mais cela ne fait pas un C., et c'est précisément dans un 2ème temps que Dieu crée le C., dans un 2ème temps où il n'est pas bon que l'H. soit seul : et à nouveau lorsqu'il est dit ici que l'H. soit seul, c'est aussi l'Adam : l'être humain, l'espèce humaine.

Cela ne veut pas dire : _« Les H. tous seuls ne savent pas se débrouiller, les F. s'en sortent très bien ! »_

Non ! Ce n'est pas ça : cela veut dire que l'H., que l'humain, que l'être humain soit seul : il n'est jamais bon pour l'être humain, quel qu'il soit, qu'il soit H. ou qu'il soit F. d'être seul. Et jusqu'ici, Adam, l'Adam, l'humain, l'H. et la F. ne s'est pas distingué : il ne s'est pas différencié.

Il fallait donc qu'il y ait une intervention de Dieu, et que cette intervention de Dieu puisse venir différencier l'H. de la F. et la F. de l'H. Chacun reconnaissant en l'autre ce besoin, cette nécessité et ce désir de ce qu'il n'est pas et n'a pas.

L'H. n'a pas de féminité, où il n'en a pas assez, et c'est parce que l'H. n'a pas assez de féminité qu'il vient donc la chercher chez la F., son épouse ; et inversement la F. n'a pas assez de masculinité, elle vient donc la chercher chez l'H. son époux : et c'est ainsi qu'ils viennent chacun s'enrichir de leur complémentarité.

Il y a également une transformation nécessaire de l'H. et de la F., chacun ayant été créé à l'image de Dieu, et chacun ayant été appelé à entrer un jour, dans cette harmonie parfaite de Dieu : et Dieu n'est ni H. ni F. cependant.

C'est à dire que Jésus Lui-même a dit qu'un jour, dans le Royaume de Dieu, nous serons semblables aux anges, c'est à dire que nous entrerons dans cette harmonie divine, nous entrerons dans cette perfection divine, où nous aurons en nous, toute la masculinité et toute la féminité voulues de Dieu.

Nous oublierons tous les mauvais côtés de la terre, nous oublierons tous les mauvais côtés des H. dans le sens de l'humanité entière, et les H. oublieront tous les mauvais côtés des F., et les F. oublieront tous les mauvais côtés des H. dus à notre expérience de vécu charnel, terrestre, cela fait partie de notre humanité.

Jésus dit que nous entrerons un jour dans cette complétude, où nous serons à l'image parfaite de Dieu : c'est précisément le parcours et la tâche de l'humain ici-bas, que d'avancer, de progresser pas à pas, envers et contre tout, vers cette ressemblance parfaite de Dieu.

Bien sûr, c'est de l'ordre de ce que nous appelons l'eschatologique, c'est à dire, ce qui est à venir, devant nous, mais <u>c'est aussi tendre vers cela</u>.

De même que Christ est indissociable de l'Humain Universel qui est Son Corps, Christ étant la tête, l'épître aux Ephésiens nous le rappelle n'est-ce pas ? De même **le C. est indissociable**.

C'est à dire, <u>qu'il forme</u> ce que je pourrai dire comme étant <u>une **entité** à part entière</u>.

Mais que l'on ne s'y trompe pas, je ne suis pas en train de dire, ce que l'on a souvent fait dire à ce verset, ce fameux verset **24** : *« C'est pourquoi l'homme quittera son père et sa mère, et s'attachera à sa femme, et ils deviendront une seule chair »* : que lorsqu'on est marié c'est blanc bonnet et bonnet blanc, non ! Pour rien au monde, je n'aimerai être mariée avec moi-même, et je n'aimerai pas trouver chez mon époux mes défauts : j'ai déjà du mal avec les miens ! Il en est de même pour le conjoint bien sûr !

Oui, ce verset **24** : *« C'est pourquoi l'homme ......* *une seule chair »,* on a interprété ce texte dans l'excès mes amis, dans l'excès, car on a voulu faire dire à ce texte, qu'à partir du moment où le C. est scellé par ce qu'on appelle les liens du mariage, il n'y a plus personne, ou en tous les cas plus personne n'est personne : *« ...une seule chair »,* comprenez-vous ce que je veux dire ?

Cela irait à l'encontre de ce que Dieu a voulu faire dans ce chapitre 2, car ne l'oublions pas, le chapitre 1er de la Genèse nous présente le **C.** comme indifférencié, d'ailleurs on ne peut pas encore appeler cela un C. à ce moment là : il est question de mâle et de femelle.

D'ailleurs, les F. ne sont pas très contentes d'être appelées femelles aujourd'hui, pourtant c'est ce que nous dit le texte hébreu : mâle et femelle à ce moment là.

C'est à dire qu'ils ne sont pas encore entrés dans cette différenciation, qui fait que chacun a découvert son genre : **genre masculin et genre féminin.**

Le projet de Dieu au chapitre **2**, n'est pas de se payer la côte d'Adam pour en faire une F., parce qu'Il aurait pu faire autrement, et je crois d'ailleurs qu'Il a fait autrement.

Le chapitre **1**[er] nous dit que Dieu a créé l'H. et la F., et c'est précisément ce que Dieu poursuit depuis le début de la création jusqu'à aujourd'hui : et quel est le plan de Dieu ?

Dieu crée, et quand Il crée c'est par un principe spirituel qui est le **processus de la séparation :** souvenons-nous Dieu crée depuis le commencement et sépare les ténèbres de la lumière, le jour de la nuit, les eaux d'en haut des eaux d'en bas etc…. donc :

création = processus de la séparation :
ceci est un principe spirituel.

Idem pour l'H. et la F. : la « côte » = « à côté », la côte de l'H. est une symbolique, ce n'est pas là forcément une opération chirurgicale en tant que tel qu'on se l'imagine et comme on nous l'a traduit et enseigné jusqu'à présent.

Mais cela signifie bien plutôt la symbolique de l'ouverture Divine pendant l'inconscience de l'H. qui va l'amener **désormais dans cette nouvelle** dimension de vis-à-vis avec la F.

Vis-à-vis en hébreu = un terme signifiant : **communiquer face à face avec paroles,** et pour cela il faut que l'autre soit **différent.**

Alors la F. a été **séparée** de l'H. = ce qui signifie sa **différenciation** pour être placée en vis-à-vis de l'H. et que l'H soit en vis-à-vis de la F., donc cette histoire de côte n'est pas une opération chirurgicale mais plutôt une **symbolique**, c'est-à-dire une **métaphore** qui nous amène au plan de Dieu. et quel est le plan de Dieu ?

Le plan de Dieu c'est une différenciation : le plan de Dieu c'est une différenciation : **Dieu nous a tous créés différents**, et même lorsqu'on utilise ce terme générique : <u>l'humain</u>, ce terme là n'exprime pas toute la vérité, toute la profondeur, ce terme là n'exprime pas toute la richesse de ce qu'est l'être humain.

<u>Car nous sommes tous et chacun créés **uniques** et **différents**</u>, et Dieu, ne voulait pas faire en créant le C. un <u>amalgame.</u>

« C'est pourquoi l'homme….une seule chair » cela ne vient pas dire qu'il s'agisse ici d'une <u>fusion</u> : car **<u>une fusion ne ferait qu'amener</u> <u>la confusion</u>**.

D'ailleurs, c'est bien <u>la confusion</u> qui est amenée par ceux qui prônent <u>l'unisexe,</u> c'est bien la confusion qui est amenée par ceux qui <u>gomment la différence des sexes</u>, par ceux qui prônent cette <u>parité absolue,</u> cette <u>égalité illusoire à tous les niveaux</u> : **cette fusion, c'est bien la confusion n'est-ce pas ?**

C'est cette même confusion que nous retrouverons d'ailleurs, <u>à la Tour de Babel,</u> rappelez-vous le texte biblique. Pourquoi ? Parce que rappelez-vous qu'à la Tour de Babel<u>, on voulait que tout le monde soit tout le monde</u> !

Rappelez-vous qu'à la Tour de Babel on voulait que tout le monde <u>parle la même langue</u> et utilise, le texte hébreu est bien précis, non seulement parle la même langue mais utilise les mêmes mots !

Alors que quelques chapitres et versets auparavant, la Bible dit que Dieu avait créé les H. et qu'ils vivaient selon leurs territoires, selon leurs nations, parlant leurs propres langues. Et cela était voulu de Dieu, car c'était le résultat de la création : **différenciation !**

Or, à la Tour de Babel, on en veut plus de cette différence ! On veut construire un monde nouveau, un monde fusionnel, on veut construire un monde où on peut dominer, et dites-moi dominer comment ?
Par la suppression de la différence : **dominer par la suppression de la différence !**

Bien sûr, nous avons connu depuis d'autres régimes dans le même genre et n'est-ce pas aussi notre monde actuel ?

Et que fait Dieu ? Vous allez me dire : Dieu les a punit ! Et bien non, ne croyez pas cela ! Dieu ne les a pas punit mais Il intervient pour les sauver.

Pourquoi Dieu intervient-Il pour les sauver ?
Parce que Dieu les aime !

Comment ? Car en détruisant la Tour de Babel et en les renvoyant chacun dans sa nation, vers sa propre langue, chacun vers sa culture : **Dieu les bénit dans leur différenciation**, et plus précisément **Dieu les bénit dans leur individuation.**

Voilà qu'à présent, ils peuvent être à nouveau eux-mêmes, sans être obligés de passer par ce régime où tout le monde parle la même langue, où tout le monde ne fait que fabriquer des briques : régime de bric et de broc pourrions-nous dire ! ! En bref : d'une confusion telle que plus personne ne sait qui il est : enfant de personne ! !

Et Dieu, voudrait-Il que l'H. et la F. ne soient qu'1 seule chair indifférenciée ?
Non, nous voyons bien que non !

Il existe 1 H. : l'époux,
il existe 1 F. : l'épouse
et **ensemble** ils forment
une 3ème entité :
c'est le C.

Ce n'est pas : 1H + 1F = 1   mais   **1H + 1F = 2 personnes individus à part entière qui ensemble forment = une 3ème entité qui est le C.**

- La F. devra pour son C. et pour elle-même rester avant tout femme, car imaginez-vous une F. qui n'est plus femme !
- L'H. devra pour son C. et pour lui-même <u>rester avant tout homme</u>.

- <u>N'est-ce pas la plus grande joie pour un H. que de rencontrer une F ?.</u>

- <u>Et n'est-ce pas la plus grande joie pour une F. que de rencontrer un H. ?</u>

C'est là, précisément ce qui se passe, lorsque **dans ce sommeil « Eve »** est différenciée **« d'Adam »** par Dieu Lui-même: il était <u>inconscient de celle qui était différente de lui</u> : ce sommeil vient nous parler de cette inconscience dans laquelle se trouvait Adam : <u>c'est à dire l'Adam.</u>

Le texte hébreu nous précise que Dieu prit « Eve », non pas de la côte d'Adam, (comme nous le dit notre traduction qui me paraît vraiment à cet égard une piètre traduction surtout dans l'interprétation qui en est faite), **mais la F. fut prise d'A Côté d'Adam** : et le côté d'Adam c'est <u>celle qui est là, près de lui depuis le commencement</u>, et cette F. prise d'à côté de lui dont il n'avait pas la <u>conscience</u>, il n'en avait pas la <u>connaissance</u>, ils étaient <u>tous deux côte à côte mais empêchés de se reconnaître</u> jusque là, <u>privés mutuellement</u> de la connaissance <u>de la masculinité et de la féminité,</u> bref privés de la connaissance de la <u>présence de l'autre et de son genre.</u>

Mais à ce moment là, cette F. prise d'à côté de lui est placée en vis-à-vis, et c'est bien là la traduction du texte originel en hébreu qui dit : *« Je lui ferai un vis-à-vis ... »et c'est Dieu qui parle !*

Souvenez-vous, Dieu a demandé à l'Adam de passer en revue tous les animaux et de les nommer.

Ces animaux sont là pour nous dire toutes les pulsions animales qui ont précédé la création de l'H., et toutes les pulsions animales qui sont dans l'H., car ne l'oublions pas, l'H. est le couronnement de la création de Dieu, créé par Dieu.

Surtout ne me comprenez pas mal, je ne suis pas en train de dire que l'H. est l'aboutissement d'une longue évolution, évolution faite à partir de l'animal : ce n'est pas ce que je dis et soyez-en certains ce n'est pas ce que je crois !

Car l'hébreu utilise un verbe qui est très à propos, quand il nous parle de la création de l'être humain, et c'est le verbe _« Bara »_ qui signifie _: « créer à partir de rien »,_ et quand le texte biblique nous dit _:_ « _...Dieu créa l'homme et la femme..._ » il emploie le verbe « Bara » c'est à dire **créés à partir de rien**.

C'est une création <u>toute nouvelle</u> que Dieu fait, et c'est dans ce sens que je dis que je ne crois pas à la théorie de l'évolution d'un singe et d'une guenon qui aurait un jour évolué, jusqu'au point de donner un H. et une F.

Je ne sais pas combien de temps Dieu a mis pour créer l'H. et la F. et pour les « fabriquer de cette façon nouvelle » si je puis m'exprimer ainsi, mais le texte est clair : <u>Dieu a créé l'H. **et** la F.</u> et Dieu l'a appelé à passer en revue toutes ces pulsions animales qui sont en lui, et voici que l'H. peut les nommer, mais il n'y en a aucune qui soit son vis-à-vis.

L'H. se retrouve là, face à lui-même, seul au monde, seul avec lui-même : seul avec lui-même, vous rendez-vous compte ?

Alors, lorsque Dieu fait sortir Adam de ce sommeil, c'est à ce moment là que Dieu amène l'Adam à prendre conscience que l'Eve est là. C'est à dire qu'il existe quelqu'une qui est porteuse de féminité, alors l'Adam peut s'émerveiller !

- *Permettez-moi de dire la chose ainsi, imaginez la scène : « Dieu Lui-même fait tomber notre 1er H. Adam dans un profond sommeil, et place près de lui celle qui est prise d'à côté de lui en la faisant son vis-à-vis. C'est Dieu Lui-même qui va faire les présentations en Personne. Maintenant, Adam se réveille, et tout à coup : Wahou ! ! C'est le flash... ! C'est le coup de foudre ! ! Que voit-il notre Adam ? Son cœur commence à battre à 200 à l'heure et transporté d'émerveillement il s'écrit : -- Voici cette fois celle qui est os de mes os et chair de ma chair ! On l'appellera femme parce qu'elle a été prise de l'homme. – Et si Adam remplit d'exaltation et d'enthousiasme s'écrie cela, ce n'est pas parce que Eve est sous créée à partir d'Adam ou parce qu'elle est sortie d'Adam, mais c'est parce que, souvenons-nous, que tous les animaux à qui Adam a donné des noms étaient 2 par 2, par couples de mâles et femelles, mais lui-même, réalisant sa profonde solitude dans une souffrance atroce, c'est trouvé seul avec lui-même sans personne consciemment à sa ressemblance. Mais désormais, sorti de ce sommeil et de son inconscience, Dieu l'amène à sa connaissance et dévoile celle qui, placée à côté de lui depuis le commencement, devient désormais son vis-à-vis, dans un face à face de découverte mutuelle et d'émerveillement : bonheur indicible ! Dans cette première présentation mutuelle divine, voici les fiançailles et la naissance du 1ᵉʳ C. selon le projet de Dieu et voulu dans Son cœur. »*

Il peut s'émerveiller l'Adam et se rendre compte que cette intervention lui fait prendre conscience qui il est, parce **qu'en prenant conscience de qui l'autre est, il prend conscience qui il est lui même.**

Cela nous ramène à nouveau à la différenciation et à l'individuation nécessaire pour chacun et chacune d'entre nous : comment saurai-je qui je suis si je suis seule ?

Un psychologue a dit : **« C'est parce qu'on m'a dit Tu que je peux dire Je »** et **c'est vrai, c'est vrai et c'est juste !**
Enfin Adam peut dire Tu à Eve, et Eve peut dire Tu à Adam : c'est dans cette relation et c'est ce qui va caractériser le C. : **c'est cette relation de vis-à-vis.**

C'est alors qu'Adam découvre qu'il est Adam : H. dans toute sa masculinité, et Eve découvre qu'elle est

Eve : F dans toute sa féminité. D'ailleurs ici elle n'est pas encore appelée Eve, elle sera appelée Eve un peu plus tard.

Une seule chair, une seule chair que nous développerons par la suite : oui là, ils formeront ensemble un C. est ce que j'appelle : **une nouvelle entité**.

C'est quand même bizarre, que lorsqu'on interprète ce passage, ce texte biblique, en particulier dans le contexte des mariages on dit *: « C'est pourquoi l'homme quittera son père et sa mère, et s'attachera à sa femme... »* et c'est quand même curieux que la plupart du temps, c'est la F. qui doit tout quitter pour s'attacher à son mari ! C'est souvent ainsi que cela se passe non ? N'avez-vous pas remarqué cela ?

D'ailleurs, on s'empresse très souvent de dire : *« Et puis la femme deviendra obéissante à son mari »* n'est-ce pas ? Et on s'empresse de rajouter : *« Attention ! C'est le mari qui sera le chef ! ! »* Autant de notions machistes, qu'il nous faut **revoir et dépoussiérer**, parce qu'il n'est pas sûr et pas sûr du tout, que la Bible dise cela, en tout cas pas de la manière dont nous l'avons généralement interprétée et dont nous l'interprétons encore aujourd'hui !

Non, ce que nous avons fait de ces textes, j'en suis intimement convaincue aujourd'hui, ne correspond pas à la pensée du cœur du Père lorsqu'en accord parfait avec Son Fils et L'Esprit-Saint, Ils avaient formé L'Homme et la Femme dans le projet bienveillant du C. qui devait refléter l'image et la gloire de cette intimité céleste de la Divine Tri Unité sur la terre, et qui se multiplierait et deviendrait un jour l'Epouse de Jésus : Universelle qui est Son Corps.

Notons bien que la Bible nous dit que c'est l'H. qui s'attachera à sa F., alors que bien souvent, c'est la F. dit-on qui devrait s'attacher à son mari !

En fait, dès les 1ères pages de la Bible, dans ce texte, se trouve l'allusion à la relation sexuelle, et la Bible est pleine de sexe au risque de vous choquer ! Quelquefois pour le meilleur, et quelquefois pour le pire !

N'oublions pas la dimension érotique et sexuelle, nous en parlerons, qui se profile déjà dans les 1ers versets dans le livre de la Genèse, c'est une parenthèse que j'ouvre, quand il est écrit que : « **Dieu se reposa** » après avoir créé l'être humain.

En hébreu cela ne veut pas dire que Dieu se reposa car Il était fatigué d'avoir beaucoup travaillé, mais c'est précisément : « **Dieu se retira** », et ici il s'agit du **retrait créateur ou procréateur**, comme l'H. se retire de la F. après qu'ils se soient accouplés, après qu'ils ce soient connus et aimés.

C'est un retrait plein de respect, c'est un retrait plein d'affection, d'amour et de tendresse, et **c'est un retrait qui n'a que pour seul but : de se placer en vis-à-vis de l'autre et de le reconnaître.**

Ce n'est pas un retrait qui jette l'autre, ce n'est pas un retrait qui abandonne l'autre : *« Maintenant débrouille-toi ! »*. Mais c'est un retrait qui honore l'autre, car en se retirant : Dieu responsabilise l'H. et la F.

Dieu affirme que maintenant ils ont à grandir, à progresser, ils ont à exercer leurs responsabilités.

Dieu se retire comme Il le fait toujours, et **Dieu se retire toujours par amour**. C'est ce que ne comprennent pas bien les gens qui nous disent : *« Mais où est votre Dieu ? Pourquoi est-ce que votre Dieu n'intervient pas ? Pourquoi est-ce que votre Dieu ne met pas un peu d'ordre, là au milieu de ces avions et de ces bombes ? »*

C'est parce que Dieu se retire, dans un **retrait d'amour**, ayant un **immense respect** pour l'être humain qu'Il a créé : à lui car il en est capable, à lui car il en est capable de faire le meilleur, à lui car il en est capable de faire le pire, nous sommes responsables !

Tout ceci, pour essayer de vous dire, que <u>la volonté de Dieu, dès les 1ères pages de la Bible,</u> c'est précisément non pas la fusion ou la confusion, mais bien la **différenciation, l'individuation** et le **respect** de <u>2 êtres H. et F. qui se découvrent</u>, cela peut paraître un jeu de mot : oui, 2 êtres H. et F. qui se découvrent.

Enfin Adam découvre celle qui est sa F. son épouse, et à partir d'ici d'ailleurs, ils ne porteront plus le nom d'Adam, à partir d'ici ils porteront un autre nom que l'on traduit par H. et F. et qui en vérité est plus précisément traduit par **époux et épouse** : *« Ish et Isha »* en hébreu.

Désormais, <u>l'H. entre dans son vécu d'époux, la F. entre dans son vécu d'épouse</u> : *« C'est pourquoi l'homme quittera son père et sa mère et s'attachera à sa femme... »* : Une F. qui s'attacherai trop à l'H. s'appellerait *« une nymphomane (exagération des désirs sexuels chez la F. ou les animaux femelles) synonyme : aphrodisie, d'où le terme dérivé aphrodisiaque que tout le monde connaît »* : donc, c'est dans la nature que ce soit l'H. qui s'attache à sa F. et non le contraire.

Ainsi, *« C'est pourquoi, l'H. quittera son père et sa mère et s'attachera à sa F. et <u>ils deviendront une seule chair</u> »* non pas pour fusionner avec elle, non pas pour <u>perdre son identité</u> ou la faire <u>perdre à sa F.</u> :

comme on interprète souvent ce texte là d'ailleurs, mais pour **ensemble se connaître**, et se connaître dans une **relation de vis-à-vis : se reconnaître !**

Car Dieu dit *: « Je lui ferai une aide semblable à lui »* et cela peut être traduit par *« Je lui ferai un vis-à-vis... »* et aussi par un mot qui va réjouir les F. qui me lisent maintenant, ce peut être traduit par *« Je lui ferai un secours... ».* **Oui, il fallait que Dieu crée la F. pour qu'elle devienne le secours de l'H.**, et qu'en avons-nous fait ? Nous en avons fait la roue de secours... ! Alors la F. EST le secours de l'H. et non pas la roue de secours, si vous comprenez ce que je veux dire !

D'ailleurs, le terme originel en hébreu employé ici pour secours est « Eser » que nous trouvons dans le Psaume 121 *« Je lève les yeux vers les montagnes, d'où me viendra le secours ? Il me vient de l'Eternel qui a fait les cieux et la terre. ».* Donc, **la F. EST le SECOURS de Dieu pour l'H.**

Si nous parcourons l'Ancien Testament 15 fois sur 21 cet « Eser » est employé pour traduire l'aide directe de Dieu Son intervention en Personne, et c'est ce même « Eser » que nous retrouvons ici pour traduire que la F. est le secours de Dieu pour l'H., **la**

F. est cet Eser de Dieu pour l'H. et par extension la Femme est le secours de Dieu pour l'humanité !

Je suis émerveillée de voir la richesse de l'hébreu qui apporte tant de précisions comme étant directement la pensée de Dieu, le désir de Dieu pour le C.

En vérité, ce que nous pouvons retenir ici, c'est surtout cette idée de relation, relation entre l'H. et la F., **relation entre ces 2 Êtres.**

Deux êtres qui se découvrent, je le disais tout à l'heure et je le répète, 2 êtres qui désirent, et le mot désirent est à prendre au plein sens du terme, 2 êtres qui **désirent se connaître**, et c'est la raison pour laquelle l'hébreu emploie le mot « connaître » et « coucher ensemble dans le sens de **faire l'amour** dans le cadre exclusif de la relation dans le mariage » **de la même manière.**

D'ailleurs, notons bien que la Bible est tellement détaillée et explicite à ce sujet, qu'elle apporte la différence dans les mots « connaître » dans le sens de « faire l'amour » quand c'est dans le cadre exclusif du mariage, et « coucher avec » quand c'est dans le cadre illicite des perversions sexuelles qu'elles soient extra conjugales pour ce qui est de l'adultère et de l'inceste, abus et viols, où dans le cadre préconjugal et autres…

Puis il est écrit : « ....*ils deviendront **une seule chair**.* » : au travers de cette connaissance, au travers de cette complémentarité, au travers de cette relation, au travers nous pourrions dire également de cette complicité, car les C. qui marchent bien sont des C. qui sont complices : lorsqu'il n'y a pas ou il n'y a plus de complicité dans un C. il y a quelque chose de la pulsion vitale qui manque.

Au travers ce tout cela, <u>le résultat</u> c'est le fruit de l'amour, fruit des entrailles de la F. : « *... une seule chair* ». Une seule chair non pas parce que le C. je le répète, sera dans une totale symbiose, non pas parce que l'on ne pourra pas respirer sans que l'autre soit là, non pas parce que l'une n'aura pas le droit de bouger le petit doigt sans que le chef ne lui ai donné l'autorisation etc., non, mais <u>ils deviendront **une seule chair**</u> parce que **ce C. ensemble**, <u>porteront</u> **le fruit de l'amour** qui est : **l'enfant.**

Quelle est la plus belle illustration d'une seule chair <u>d'1</u> H. et <u>d'1</u> F. qui <u>ensemble</u> ont <u>1 enfant</u> : 1 <u>seule</u> chair !

Cela dit, maintenant oui, nous pouvons dire ceci : <u>1</u>H + <u>1</u>F = <u>1</u> qui est la <u>seule</u> chair : <u>l'enfant.</u>

Je suis bien là aujourd'hui parce que j'ai été la seule chair de mes parents ! Et vous aussi d'ailleurs : 1 seule chair.

Nous voyons que nous pouvons aller au delà d'une lecture réductrice, restrictive et quelquefois même je dirai misogyne du texte biblique, ce qui malheureusement notre culture Judéo-chrétienne empreinte d'esprit religieux erroné sans Lumière Intérieure a déteint et enfermé, emprisonné dans des croyances telles que le C. c'est échoué, dans une dysfonction donnant aussi une société en crise telle que nous la connaissons, pourtant, au commencement, il n'en était pas voulu ainsi...

Nous y voyons déjà toute l'importance qui est donnée ici, à cette connaissance faite d'amour : d'amour physique, mais c'est par là où notre société dysfonctionne : aujourd'hui on met l'accent sur le physique, le sexe.

Oui, l'amour physique il est nécessaire et il est bon et nous verrons qu'il est voulu de Dieu, mais aujourd'hui tout ne passe plus que par le sexe dénué de son Essence d'Amour.

Non, ici c'est cette relation qui permet à Adam, et je devrai plutôt dire à Ish, H., de découvrir sa F., et en découvrant sa F., il se découvre lui-même : oui, en découvrant sa F. il se découvre lui-même.

L'H. attend toujours de la F. : qu'attend-il ? Il attend que la F. lui dise qu'il est H.

Et la F. attend toujours de l'H. qu'il lui dise qu'elle est vraiment F.

De quoi vous faire sourire, une enquête auprès de la gente féminine a mis en évidence que <u>70% des F. interrogées dans leur relation avec le masculin, avec l'H. ont placé en priorité la tendresse</u>, oui, la tendresse : 70% des F.

Pourquoi la tendresse ? Parce que <u>la tendresse chez l'autre vient dire à la F. qu'elle est F.</u>.

L'un et l'autre, ensemble, apprennent à découvrir la masculinité et la féminité : <u>il n'est pas question</u> de les <u>mettre en compétition</u>, il n'est pas question de les mettre <u>en concurrence</u> ou de les <u>combattre.</u>

Mais il est plutôt question de **les découvrir et de les vivres** : je suis heureuse d'avoir en moi des composantes masculines : pourquoi ? Parce <u>qu'elles me sont nécessaires</u> ! Elles me sont nécessaires.

Et un H. a me semble-t-il un certain nombre de composantes féminines, <u>il en a besoin</u>, et une F. a un certain nombre de composantes masculines, <u>elle en a besoin</u> aussi.

D'ailleurs, avez-vous remarqué que Dieu n'est ni H. ni F. ? Avez-vous remarqué que quelque part, nous avons quand même été créés à Son image ?

Attention ! ! Ne tombons pas dans l'autre extrême, où on déclare qu'il n'y a plus ni H. ni F. non !

Dieu n'a pas créé des androgynes, Dieu n'a pas créé des androgynes.

Je crois d'ailleurs que **l'épanouissement** du C. passe justement par ce **respect des différences** des sexes : c'est le respect de l'autre.

Il est nécessaire de le rappeler : il est important que chacun puisse découvrir en lui des ressources masculines et des ressources féminines.

- **L'H., Dieu l'a créé, il a une fonction biologique :** bien sûr, nous avons remarqué que lorsqu'il est dit que Dieu crée le mâle et la femelle, enfin, ce n'est pas moi qui le dit mais c'est écrit ainsi, dans le livre de la **Genèse chapitre 1er** : « *Dieu créa l'homme, il le créa mâle et il le créa femelle* ». Dans cette fonction mâle et femelle que dit Dieu ? Dieu dit : « *… soyez féconds… »,* soyez féconds : donc, ce C. il a une fonction qui est une fonction biologique.

- **Il a également nous le voyons ensuite, et c'est ce à quoi s'attache le chapitre 2,** il a ce C. une fonction relationnelle, sentimentale, émotionnelle, psychologique, mentale intellectuelle et spirituelle.

- **Enfin, il a une fonction sociale :** car c'est bien par le C. que la <u>famille</u> et la <u>société</u> existent.
- **Le C. dans sa vocation constitue une entité à part entière,** je le disais tout à l'heure : <u>ce qui constitue le C. c'est l'amour.</u>
- **Ce qui constitue le C. selon la pensée de Dieu et la volonté de Dieu c'est : l'Amour :** <u>alors et alors seulement, lorsque l'H. est entré dans cette complémentarité avec la féminité, et vis versa, lorsque la F. est entré dans la complémentarité avec la masculinité</u> : nous voyons donc que <u>le C. est capable d'amour</u> : et un amour qui n'est pas de la pacotille, mais un Amour grand « A », c'est-à-dire un amour qui est d'une certaine qualité, si ce n'est même d'une qualité certaine !

Quel est cet amour ?

Rappelons-le, nous l'avons déjà dit, il n'est pas question de faire du C. <u>une espèce de tandem symbiotique fusionnel.</u>

- Cet amour, n'est pas un amour <u>aliénant</u>, je fais ressortir dans ce qualificatif le mot -lien- aliénant.

ANNIE GALBES-GUEUDET – PSYCHOPRATICIENNE SPECIALISEE EN RELATION D'AIDE –
Consultante, Oratrice, Conférencière, Enseignante, Formatrice, Thérapies, Psychothérapies
EXPERTE

- C'est à dire qu'il existe un lien dans le C. ; le C. n'est pas aliéné : c'est-à-dire sans lien, mais ce sont des liens qui libèrent, ce ne sont pas des liens qui lient.
- Cet amour n'est pas non plus de la domination, il n'est pas de la dépersonnalisation ; cela veut dire **qu'avant** même qu'il y ait un C., il y a un H., une F. avec chacun pour sa part : son histoire, son vécu, son caractère, son tempérament, sa personnalité, ses goûts, sa masculinité ou sa féminité et tout ce qui peut différencier un être d'un autre.
- Cet amour, il repose nous le reverrons par la suite, sur un certain nombre de critères, et le critère majeur c'est précisément : **le don de soi** qui est principalement une des composante de l'Amour dans l'Inconditionnel.
- C'est un don **réciproque,** bien sûr, autrement il n'y a pas de lien d'amour, donc c'est un don réciproque, un don qui **s'entretient.**
- Ce don réciproque qui est fait de respect, de savoir vivre, du désir et plaisir, je dis bien **désir et plaisir d'être avec l'autre.**

- Il y a 2 termes que j'opposerai dans la vie du C. : c'est le terme besoin, et le terme désir.

1/ Besoin : c'est se servir, ou dans tous les cas vouloir se servir de l'autre, pour répondre à nos besoins.

2/ Désir : c'est le désir d'être avec l'autre, de rencontrer l'autre, de vivre avec l'autre, et c'est dans ce sens du **désir et du plaisir**, qu'alors le C. tisse des **liens qui sont des liens d'amour.**
- La tendresse, dans la relation à l'autre.
- La reconnaissance à l'autre, reconnaissance parce qu'il existe, ou parce qu'elle existe, je dis bien la reconnaissance à l'autre parce qu'il existe.

   En conclusion, la volonté, le désir, de réussir sa vie de C.

   Voilà donc, un certain nombre de points sur lesquels nous reviendrons dans la suite des livres de cette série dont les titres sont annotés ci-après.

http://www.psy-marseille-a-g.fr

https://sites.google.com/site/ressourcesaetrevousmemes/

anniegueudet@ressourcesaetrevousmeme.com

+33 (0)6 22 20 33 26

II

La REUSSITE du Couple

La COMMUNICATION du Couple
l'ANALYSE TRANSACTIONNELLE 1

La COMMUNICATION du Couple
l'ANALYSE TRANSACTIONNELLE 2

V
PRINCIPES pour REUSSIR
sa VIE de Couple

VI
RELATIONNEL et CONJUGALITE 1
Dysfonctions et Parasitages
de la Communication

VII
RELATIONNEL et CONJUGALITE 2
Le CONFLIT et la CRISE

VIII
CONSTAT et OBJECTIFS INTERESSANTS du Couple

IX
Le Couple Est SPIRITUEL
Il Est aussi MYSTIQUE
car SYMBOLIQUE

X
Courte Introduction à
L'ACTE de l'AMOUR CONJUGAL ...

ANNIE GALBES-GUEUDET – PSYCHOPRATICIENNE SPECIALISEE EN RELATION D'AIDE –
Consultante, Oratrice, Conférencière, Enseignante, Formatrice, Thérapies, Psychothérapies
EXPERTE

Mostafa MASSID- **Psychologue & Auteur. Casablanca & Marrakech, Maroc.**

« J'ai eu le plaisir d'apprécier vivement Annie Gueudet pour sa personne foncièrement humaine, entière, altruiste et dévouée et pour ses qualités de professionnelle compétente, intègre et expérimentée.

Son savoir-faire s'oriente autour de l'écoute, du conseil et d'un travail d'équipe essentiel. Accompagner les personnes dans leurs choix d'orientation et savoir prêter une oreille attentive afin de cerner leurs besoins et aptitudes, apporter l'information pour nourrir leur réflexion et les guider dans leur démarche travailler en étroite collaboration avec l'ensemble des acteurs du milieu propre à chacun, possédant un excellent relationnel, motivée et disponible. Enfin une vraie praticienne de la relation d'aide que je recommande grandement à toute personne désireuse d'entreprendre une démarche de développement efficacement. »   http://ma-candela.e-monsite.com/
http://www.edilivre.com/catalogsearch/result/?q=massid

*

Claude MATHIS - Conseiller Conjugal et Familial, 'La croisée des mots' CCF – Chef de Service Educatif - « Le verbe dans l'âme et une commentatrice hors pair, Annie Gueudet gagne à être connue, tant son talent est grand. Son savoir qu'elle sait transmettre avec une grande justesse et une finesse qui n'a pas son pareil, ne ternie en rien son intuition. Douée d'une grande écoute positive, Annie Gueudet sait se mettre à l'écoute des autres en tenant conseil avec eux et ainsi leur permettre de trouver leur voie, leur faisant toucher du doigt le génie qui est en eux. » Guérande, Aquitaine France.

http://conjugalite.free.fr   http://www.croiseedesmots.fr

L'Auteure, Annie GUEUDET, est une Femme de Terrain : d'abord par de multiples Missions depuis 1990 qu'elle mène à travers la France auprès d'Enfants, Ados, Jeunesse, Adultes, Personnes âgées dans différents Cadres & Structures de Santé, Associatifs, Culturels, Humanitaires, puis en Europe, et dans le monde depuis 1998 dont le Continent Africain qu'elle sillonne dans plusieurs pays.

Sa grande expérience tant interculturelle qu'inter confessionnelle dans le respect de chacun lui permet d'apporter l'essentiel vital avec humanité et altruisme, amour et spiritualité, générosité intérieure, et lui confère une renommée jusqu'à être recherchée pour des émissions radios et TV. Beaucoup de populations ainsi que leurs autorités locales diplomates, ministérielles et politiques, Chefs Tribus, Rois & Reines, l'ont reçu touchés tant par sa personnalité ouverte avec simplicité que par ses messages, sa chaleur humaine, dont un charisme exceptionnel lui a été reconnu pour enseigner, former, transmettre, aider à retrouver force, courage et dignité humaine là où très peu n'ont encore osé aller. Oratrice et Conférencière assidue battante et perspicace, persévérante et sans complaisance mais avec empathie, elle allie un savoir être et faire tout à fait féminin et maternel ouvrant à une autre vision de la femme dans des milieux strictement masculins où elle ne dispense pas seulement des théories mais aussi et surtout amène à une pratique dans un suivi et accompagnement dynamique dans le respect de l'Être et son identité.

Du Développement et La Protection de l'Enfant comme étant Une Personne à Part Entière, jusqu'à La Relation de Couple de A à Z, ainsi que La Position de La Veuve et de l'Orphelin, La Défense des Marginalisés, Le Développement et la Position de La Femme depuis l'Antiquité à nos Jours, etc., autant de thématiques où ses recherches études et expertises apportent un renouveau apprécié et qui répond à une soif humaine intense essentielle que ce soit pour les hommes, les femmes, les enfants, et les anciens âgés pour qui elle a une affection particulière.

Dans ses Missions Itinérantes comme dans ses Écrits elle n'a pas d'autre but que de répondre à sa Vocation de servir à l'aide pour la guérison intérieure des Nations dans le respect psycho-spirituel & physique de l'Être Humain dans sa globalité holistique.

ANNIE GALBES-GUEUDET – PSYCHOPRATICIENNE SPECIALISEE EN RELATION D'AIDE –
Consultante, Oratrice, Conférencière, Enseignante, Formatrice, Thérapies, Psychothérapies
EXPERTE

www.ingramcontent.com/pod-product-compliance
Lightning Source LLC
Chambersburg PA
CBHW020818300326
R18047900001B/R180479PG41927CBX00004B/1